I0238892

# DISCOVER SERIES

# CONEJITO Y PERRRITO

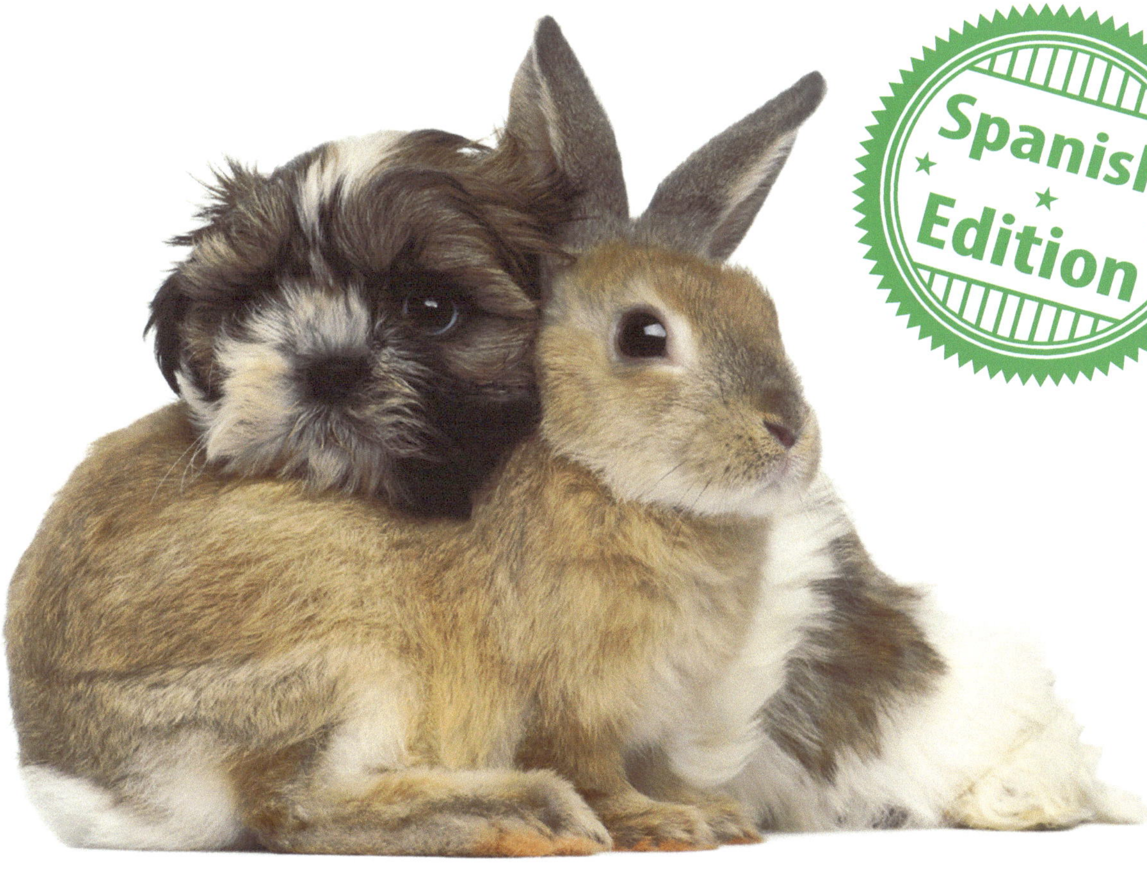

Spanish Edition

# Perrito y Conijito Enojado

# Perrito y Conejito se colocan para una foto torpe

# Almohada de Conejito

# Conejito se acurruca sobre Perrito

# Amor Conejito y Perrito

# Perrito y Conejito se enfrentan

# Perrito besa a Conejito

# Perrito lame al Conejito

# Conejito y Perrito tocan sus narices

# Perrito acaricia al Conejito

# Conejito hace una buena almohada

# Conejito y Perrito se colocan para una foto

# Conejito y Perrito largo listos para acurrucarse

# Pasear el Conejito

# Perrito huele el Conejito

# Oler antes de lamer

# Perrito huele el Conejito

# Perrito se acurruca a Conejito

# Perrito pasa sobre Conejito

# Conejito ataca a Perrito

# Perrito le da a Conejito un beso grande

# Nos están mirando?

# Perrito más Conejito más perrito es igual a tres

# Dos Perritos y un Conejito

# Conejito y Perrito te están mirando!

# Make Sure to Check Out the Other Discover Series Books from Xist Publishing:

Published in the United States by Xist Publishing
www.xistpublishing.com
PO Box 61593 Irvine, CA 92602

© 2017 First Bilingual Edition by Xist Publishing
Spanish Translation by Victor Santana
All rights reserved
No portion of this book may be reproduced without express permission of the publisher
All images licensed from Fotolia

ISBN: 978-1-53240-250-0 EISBN: 978-1-53240-176-3

xist Publishing

www.ingramcontent.com/pod-product-compliance
Lightning Source LLC
LaVergne TN
LVHW071031070426
835507LV00002B/104